Abbé LÉON DELORME

UNE PAGE --- DE LA BIENFAISANCE

à Saint-Quentin

Aperçu historique

sur l'Œuvre des Filles de la Charité

1650-1899

SAINT-QUENTIN

Imprimerie du GUETTEUR, Rue Croix-Belle-Porte, 21

1907

ABBÉ LÉON DELORME

UNE PAGE

DE LA

BIENFAISANCE

à Saint-Quentin

APERÇU HISTORIQUE

SUR L'ŒUVRE DES FILLES DE LA CHARITÉ

1650-1899

SAINT-QUENTIN

IMPRIMERIE DU GUETTEUR, RUE CROIX-BELLE-PORTE, 21

1907

EXTRAIT DU TOME XV (4ᵉ SÉRIE)
DES MÉMOIRES DE LA SOCIÉTÉ ACADÉMIQUE
DE SAINT-QUENTIN

UNE

PAGE DE LA BIENFAISANCE

A

SAINT-QUENTIN

Aperçu historique sur l'Œuvre des Filles de la Charité

1650-1899

On sait en quel état se trouvaient l'Europe et surtout la France à l'heure où saint Vincent de Paul travaillait à former les grandes armées de la Charité. Pendant trente ans la guerre y avait promené ses ravages. La guerre, à cette époque, c'est l'incendie et le pillage des villes, la destruction des villages, la ruine des campagnes, le massacre des hommes, les vieillards abandonnés et mourant de faim, les femmes outragées et mutilées, les enfants jetés çà et là sur les chemins et voués à la faim et à la mort ; des monceaux de cadavres gisant partout sans sépulture et communiquant la peste aux survivants.

La Champagne et la Picardie eurent le plus à souffrir. Les Prêtres de la Mission et les Filles de la Charité envoyés sans retard dans ces contrées malheureuses, tracent dans leurs lettres à M. Vincent le tableau de la misère la plus noire. « Ils ne voient de toutes parts que des objets de compassion ; ils n'entendent que des cris pitoyables ». En 1650, l'un de ces missionnaires écrit de Guise, « qu'il trouve partout une multitude de gens accablés de diverses maladies ; que la source de tous ces maux vient des mauvais aliments auxquels ces pauvres gens sont réduits ; que pour toute nourriture ils n'ont eu que de méchants fruits, des racines d'herbes et quelques-uns du pain de son dont les chiens ne s'accommoderaient pas ; que malgré leur langueur, malgré les pluies et les mauvais chemins, l'excès de leur besoin leur fait faire deux ou trois lieues pour avoir un peu de potage ». — « Nous venons, disait un autre, de visiter trente-cinq villages du doyenné de Guise ; nous y avons trouvé près de six cents personnes dont la misère est si grande qu'ils se jettent sur les chiens et sur les chevaux après que les loups en ont fait leur curée...... »

« Il y a un très grand nombre de pauvres gens de la Thiérache qui, depuis plusieurs semaines, n'ont pas mangé de pain, non pas même celui qu'on fait avec du son d'orge, et qui est la nourriture des plus riches. Ces malheureux n'ont eu pour vivre que des lézards, des grenouilles et l'herbe des champs. Les plus considérables habitants de quantité de villes ruinées sont dans une honteuse nécessité ».

Ce qu'écrivirent les prêtres envoyés à Saint-Quentin était encore plus effrayant. On y voit en substance « qu'il y avait dans cette ville sept ou huit mille pauvres qui mouraient de faim, sans compter douze cents personnes des environs qui s'y étaient réfugiées ; qu'à trois cent cinquante malades du lieu et qui avaient besoin de bons aliments, il s'en était joint quatre cents du dehors ; que la ville qui, bien loin de pouvoir les secourir, ne pouvait secourir ses propres citoyens, en avait fait sortir qui les uns après les autres étaient morts sur les chemins ; que ceux qui étaient restés dans la place, n'osaient, à cause de leur nudité, sortir de la paille pourrie qui les couvrait pour aller trouver les missionnaires ; qu'il y avait trois cents familles honteuses qu'il fallait assister secrètement, soit pour tirer du dernier naufrage des filles de condition, soit pour arrêter le désespoir de quelques particuliers qui avaient été sur le point de se tuer eux-mêmes ; qu'à tant de malheureux il fallait joindre cinquante prêtres, et qu'un d'eux, qui n'avait pas osé demander du pain, avait été trouvé mort de faim dans son lit ».

« La famine est telle, disaient-ils encore, que nous voyons les hommes manger la terre, brouter l'herbe, arracher l'écorce des arbres, déchirer les haillons dont ils sont couverts pour les avaler ; mais ce qui fait horreur, et que nous n'oserions dire, si nous ne l'avions vu, ils se mangent les bras et les mains et meurent en ce désespoir ».

« Les autres nouvelles, dit Abelly, qui vinrent du même endroit, ne confirmaient que trop celles-ci : l'excès du mal avait étouffé jusqu'aux sentiments de la nature, dans un peuple qui a de la piété et de la religion ; et les bourgeois accablés de leurs voisins qui s'étaient retirés chez eux, et ne sachant plus quel parti prendre dans la crainte où ils étaient d'être assiégés, avaient résolu de jeter par-dessus les murailles de la ville cette foule de pauvres étrangers qui s'y étaient réfugiés ».

Il y eut d'ailleurs dans la seule ville de Saint-Quentin, plus de quinze cents malades à la fois, trois mille morts en moins de six mois. Les femmes, poursuivies, traquées et exposées aux derniers outrages, cherchent un refuge dans les eaux glacées de la Somme, leurs jambes s'y gèlent et il faut les couper.

Qui consolera de pareilles douleurs ? qui guérira de telles blessures et portera remède à de semblables maux ? Qui ? sinon Vincent de Paul. Il fait mouvoir les pacifiques légions de ses fils et de ses filles qui, à sa voix, vont à travers les camps, sur les champs de bataille, au milieu des campagnes dévastées, des villages incendiés, soignant les blessés, consolant les mourants, ensevelissant les morts, recueillant les enfants, ramassant les infirmes et les vieillards, nourrissant les affamés, protégeant les femmes et les faibles. C'est alors (vers 1650), tout porte à le croire, que Saint-Quentin vit apparaître les Filles de la Charité. A quelle date précise ? On ne saurait le déterminer ; il n'y a pas d'heure pour la Charité : le cri de détresse est pour elle le signal de tous les dévouements. Elles s'en allaient, les sœurs grises, par groupe de deux ou trois, aux endroits où le danger était le plus grand, la misère plus profonde.

Il faut lire les relations des filles à leur père, parcourir la « Presse de la Charité » à cette époque pour comprendre combien nous sommes redevables à ces premières servantes des pauvres. Ne les vit-on pas commencer l'œuvre des potages pour deux cents malades et arriver bientôt à quinze cents ? Ne les vit-on pas arracher à la mort cinq cents orphelins de père et de mère ? sans parler des services obscurs, des dévouements ignorés que Dieu seul connaît et qu'il a déjà récompensés. Les Annales des Filles de la Charité ont gardé les noms de bon nombre de ces héroïnes, qui ont eu l'insigne honneur de succomber victimes de leur zèle, et saint Vincent de Paul glorifia lui-même celles qui moururent, comme il dit « les armes à la main ».

La Paix des Pyrénées (1659) mit fin à ce déluge de maux ; elle fut accueillie dans ces provinces, surtout à

Saint-Quentin, avec tous les transports du plus grand enthousiasme. Les Filles de la Charité, n'ayant su se fixer au milieu des ruines de la dévastation générale, reprirent le chemin de leur humble communauté de la rue des Fossés-saint-Victor. Bientôt le souvenir de leurs bienfaits, le bruit de leur renommée toujours croissante devaient hâter leur retour à Saint-Quentin. « Angers les possédait dans ses hôpitaux ; à Cahors et à Metz elles faisaient connaître la sainteté catholique aux hérétiques et aux Juifs ; à La Fère, elles devenaient l'édification de toute la ville ». Notre cité ne pouvait rester en arrière. Aussi, « le 19 septembre 1668, un contrat est passé entre les chanoines de l'Eglise pro-épiscopale et collégiale de Saint-Quentin et dame Mathurine Guérin, première Supérieure générale des Filles de la Charité à Paris, pour l'établissement de deux sœurs chargées des écoles de filles et du service des malades de la ville non admis à l'Hôtel-Dieu ». Ce contrat fut-il mis à exécution ? Les sœurs ne trouvèrent-elles pas à Saint-Quentin « le vivre et le couvert ? » Les chroniques se taisent sur ce point ; les documents font défaut ; le silence se fait une fois encore sur les Filles de la Charité et on ne trouve aucune trace de leur présence à Saint-Quentin jusqu'en 1685, vingt-cinq ans après la mort de leur vénéré fondateur.

Cette année-là, en effet, si l'on en croit le chanoine Colliette, « les quêtes du bureau de la Charité pour les malades honteux et pour l'instruction gratuite de la pauvre jeunesse du sexe, produisirent considérablement, et par les soins infatigables du sieur Dartois, secrétaire du bureau, on résolut d'appeler de Paris, deux Filles de la Charité, dites de saint Vincent, auxquelles on assura un fonds de 6.000 livres, pour une pension de 150 livres tournois chacune. Le contrat en fut reçu par les Dames de la

Charité de Paris, assistées de monsieur Joly, leur Supérieur
Général, le 16 août 1685, et passé par devant M^{es} Le Fèvre
et Jullien, notaires au Châtelet. Il y fut stipulé que les
dites sœurs seraient en outre logées et meublées. Elles
entrèrent en exercice rue des Tripes (aujourd'hui rue
du Wé) le 1er septembre 1685, en cette ville de Saint-
Quentin encore tout émue au souvenir des bienfaits
dont saint Vincent l'avait comblée ».

Malgré leur active diligence, les deux sœurs ne suffi-
saient pas et en 1688 on en appela une troisième. « En
1690, leur maison de la rue des Tripes peu commode,
trop étroite, fut vendue et remplacée par une autre atte-
nante à la Halle aux Poids, paroisse saint Remi ; en 1696
fut acquise la maison du Petit-Castelet, contigüe à la
première et joignante au Cloître de Saint-Quentin ». Ces
deux maisons, dont l'emplacement est occupé aujourd'hui
par le *Journal de Saint-Quentin*, suffirent à loger les sœurs,
à prêter une salle d'assemblée aux administrateurs et une
école pour la pauvre jeunesse du sexe. Cette école fut
ouverte en 1699, aussitôt l'arrivée d'une quatrième sœur.
La charité privée et une quête faite dans la Ville, avaient
permis de fonder cet établissement d'une manière durable.
Avec leur entrain et leur intelligence, ces quatre humbles
filles eurent bientôt fait de ranimer et de faire prospérer,
à l'ombre de la Collégiale, les petites écoles aussi anciennes
que l'église (1).

(1) En plus de leurs fonctions de maîtresses d'école, les Filles de la Charité
devaient encore :

« Enseigner la lecture aux pauvres servantes de la Ville, hors les heures
d'écoles » ;

« S'approvisionner des denrées nécessaires pour l'assistance, la nourriture et
la guérison des pauvres malades, non admis à l'Hôtel-Dieu, et les préparer et
les distribuer » ;

» Faire dans leur apothicairerie les sirops, médicaments et onguents » ;

« Visiter tous les jours leurs malades et au besoin les soigner, traiter et
médicamenter ».

« En 1745, Ambroise Compère, curé de Saint-Remi, légua 2.000 livres pour être jointes à pareille somme donnée par demoiselle Botté de Barival, afin d'obtenir une cinquième sœur qui entra en fonctions le 12 janvier 1745 », et Colliette ajoute, parlant de cet établissement d'instruction et de charité : « On doit dire à sa louange qu'il n'en est pas de plus utile, parce qu'il n'en est pas de plus sagement administré et conduit ». De son côté, dans un « Mémoire sur la Ville et les environs de Saint-Quentin », l'abbé Peitavy, chanoine de cette ville et membre de la Société d'Agriculture du Soissonnais, écrivait en 1766 : « Les sœurs de la Charité, instituées par saint Vincent de Paul, sont au nombre de cinq ; elles tiennent une école gratuite pour les pauvres filles au moyen des charités qu'on a fait *(sic)* à cette maison et de quelques revenus qui y sont affectés ; ces saintes filles distribuent aux pauvres le bouillon et les médicaments ; elles sont d'une ressource infinie pour les pauvres malades. Cette maison est administrée par les curés ».

Mais de tout temps les meilleures œuvres sont en butte aux contradictions : avant de produire cent pour un, le blé doit se décomposer et mourir. Pour les sœurs de Saint-Quentin, les ennuis, les tracasseries, fruits de l'envie et des soupçons, ne se firent pas attendre. En 1780, un des prêtres de la Ville, Bauchart, curé de Saint-Remi, jaloux de l'influence que valait aux sœurs leur charité sans bornes, veut les perdre par la calomnie ; ses menées perfides sont bientôt découvertes ; son indigne conduite est dénoncée au bureau d'administration des pauvres, et les sœurs apparurent plus vaillantes et plus honorées après cette lutte. C'est ce qui ressort d'une lettre écrite le 25 novembre 1780 par la sœur Dallez, de Saint-Quentin, à la Supérieure générale de Paris pour la prier d'annoncer à Mme Necker que tout était pacifié. L'épreuve les avait fortifiées, elle les avait préparées pour de nouveaux combats, plus longs, plus terribles ceux-là, et surtout hélas ! combien plus désastreux en leurs conséquences.

L'émeute qui, le 14 Juillet, s'emparait de la Bastille, n'était pas seulement le premier acte d'un grand drame politique ; la Révolution, terrible comme un cyclone dévastateur, allait tout renverser ; toutes les institutions religieuses qui couvraient le sol de la France, comme les arbres fruitiers couvrent un pays plantureux, furent abattues par l'ouragan. Quand on voulut essayer d'une société sans Dieu, il fallut mettre partout l'action civile et humaine, non plus à côté, non pas même au-dessus, mais à la place de l'action religieuse. On imagina la Philanthropie pour se passer de la Charité. L'inflexible logique de la Convention appliqua cette théorie. L'État se chargea du soin d'abolir la misère. Sous prétexte de changer l'aumône en pension et de donner aux pauvres un droit au lieu d'un secours, la République de 93 s'empara de tous les biens légués par la générosité et la piété des particuliers ; elle en ordonna la vente au profit du Trésor. En compensation, le Grand Livre de la bienfaisance publique fut ouvert dans chaque chef-lieu de canton ; on devait y inscrire au nom de tous les invalides, veuves, orphelins, enfants trouvés, des pensions qui ne furent jamais payées à personne.

Ainsi se passèrent les choses à Saint-Quentin. La Révolution y trouva comme ailleurs les Filles de Saint-Vincent, étrangères à la politique, ignorantes des terribles questions qui se débattaient chaque jour, à leur poste de dévouement, tout entières aux pauvres ; comme ailleurs elle leur fut impitoyable et se hâta de les chasser. Au nom de la Liberté les vœux furent abrogés, et le 6 novembre 1790 « après lecture d'une délibération du département de l'Aisne en date du 30 septembre et d'une autre du directoire du district de Saint-Quentin, en date du 2 octobre, la municipalité nomme les délégués qui devront se transporter aux maisons religieuses de cette ville pour dresser le tableau des nombres, des noms, des âges, des places et des qualités de religieux et de religieuses qui veulent entrer dans le monde, en vertu du décret de l'Assemblée Nationale, du 20 février 1790 — ou continuer la vie commune et religieuse ». Les Filles de la Charité, fidèles à leur vocation, ne tinrent aucun compte de la liberté qui leur était offerte : bien plus elles se préparèrent à résister aux ordres de la Révolution. Protégées par la reconnaissance populaire, elles conservèrent quelque temps encore la cornette que la loi proscrivait.

Le 5 avril 1791, il se passe un incident curieux qui mérite d'être relaté ; on y voit percer déjà la ferme volonté où se trouvent les sœurs de ne pas se soumettre à des hommes qui n'ont sur elles aucun droit. La sœur Thérèse, Supérieure de Saint-Quentin, venait de mourir et ses compagnes refusèrent énergiquement d'assister à son convoi et enterrement, prétextant « qu'elles étaient trop pénétrées de la mort de leur Supérieure et que trois d'entre elles s'étaient trouvées mal le matin. » Ce fait est rapporté tout au long, (Archives municipales : 1789-1800, Registre 1er) par les officiers municipaux et les administrateurs du bureau de la Charité, dont les vives instances et les représentations furent vaines : malgré leur désir de conduire à sa dernière demeure la dépouille mortelle d'une supérieure vénérée, les sœurs ne voulurent pas, dans cette circonstance, prendre part aux manifestations d'un culte schismatique, à une cérémonie célébrée par un clergé assermenté : c'est là, ce semble, la vraie raison de leur refus.

Le 21 septembre 1792, la Convention remplaça l'Assemblée nationale. Celle-ci en ouvrant les portes des couvents par l'abrogation des vœux n'avait eu qu'un but : rendre à chacun sa liberté. Celle-là supprima par une loi les congrégations religieuses elles-mêmes et exigea de tous leurs membres le serment civique. A Saint-Quentin « les Filles de la Croix et de la Charité sont les seules à l'égard desquelles l'exécution de cette loi concerne le Conseil de la Commune, les Filles de l'Hôtel-Dieu étant sous l'administration immédiate du directoire du district ». Les Filles de la Charité ne se montrèrent pas disposées à se soumettre aux ordres de la Convention ; aussi, dans sa séance du samedi 8 décembre 1792 « le Conseil, après avoir entendu le Procureur de la Commune, a arrêté qu'il serait donné avis aux Conseils généraux du district et du département de l'intention manifestée par les Filles de la Charité de ne pas prêter le serment civique et que ces filles étant chargées du soin des malades et de l'éducation des enfants pauvres, ces administrations seraient invitées à ordonner incessamment les dispositions convenables pour qu'elles fussent remplacées conformément à la loi ». Cette décision du Conseil de la Commune ne tarda pas à être mise à exécution. Les sœurs furent chassées de leur habitation qui, vendue, selon la loi du 19 mars 1793, « au profit de la Nation, devint la propriété d'un sieur Voisin, directeur de la poste aux lettres ». Mais en leur défendant la porte de leur école et le soin de leurs malades, le décret de la Convention n'avait pu arracher de leur cœur le dévouement et la bonté : la loi leur avait interdit le costume religieux « emblème superstitieux et fanatique », elle leur enleva l'argent qu'elles pouvaient donner, elle ne put les empêcher de se donner elles-mêmes. Logées dans une maison à double issue, rue du Gouvernement et place Saint-André, soutenues par la charité privée, elles s'adonnèrent, pendant quelque temps encore à leurs œuvres de bienfaisance.

A cette époque, dans sa séance du « 8 nivôse, IIe année de la Liberté républicaine, le Conseil général de la Commune ayant entendu l'agent national, arrête que les citoyennes Marie-Françoise-Olive Chancerel, Marie-Jeanne Condamine, Elisabeth Simone, Jeanne-Louise Golnie, Catherine Vasseur, ci-devant Filles de la Charité..., qui n'ont pas voulu prêter le serment requis par la loi et qui ont montré des principes antirévolutionnaires, seront mises en état d'arrestation et que, si elles ne sont point en cette commune, elles seront dénoncées au district. » Jetées en prison, les sœurs n'en sortent que huit mois après, le 4 fructidor an II, pour comparaître devant le Conseil, où « elles prêtent le serment d'être fidèles à la République une et indivisible et à toutes les lois qui en émanent ». Le même jour, « vu la pétition de J.-M. Condamine, Chancerel, Golnie, Elisabeth Simone, Vasseur, ci-devant sœurs de Charité, et Hunégonde Duplaquet, ci-devant Fille de la Croix, tendant à être transférées en arrestation chez elles, attendu leur vieillesse et leurs infirmités, le Conseil considérant que leur exposé est de la plus exacte vérité, qu'elles sont courbées sous le poids de la vieillesse et accablées d'infirmités, et réduites à l'extrême misère, considérant enfin qu'elles ont demandé et prêté le serment de fidélité à l'indivisibilité et à l'unité de la République et d'obéissance à toutes les lois, arrête, sur les conclusions de l'agent national, qu'elles sont dès à présent provisoirement élargies et mises sous la surveillance de la Municipalité ». C'était le 22 août 1794.

Dès lors, profitant du décret du 23 novembre 1793, relatif à l'instruction du premier degré, elles « enseignent les premiers éléments de lecture, d'écriture et d'arithmétique » et le peuple ne cessa plus de vénérer sous l'habit du siècle celles qu'il regardait comme ses bienfaitrices et ses meilleures amies.

Enfin le calme se fit. Bonaparte, devenu Consul à vie, se hâta de faire justice des folles utopies des gouvernements éphémères qui l'avaient précédé. Il ferma le Grand Livre dont toutes les pages étaient blanches, rendit aux hospices, aux hôpitaux, les biens non vendus. Comme au temps de Louis XIV, des administrateurs furent chargés, au nom de l'Etat ou de la Commune, de diriger les établissements charitables et l'on confia aux sœurs le soin des malades et des indigents. La direction fut laïque, l'action fut religieuse. En associant la science des affaires et l'aptitude administrative au dévouement et à l'abnégation inspirés par la religion, Napoléon rétablissait en faveur des pauvres un système bien supérieur aux institutions d'assistance publique des pays où la bienfaissnce n'a plus la puissance du désintéressement, ni l'excellence du sacrifice.

Lorsqu'un arbre séculaire a été en quelques instants renversé par la tempête, il lui faut de longues années pour développer de nouveau sa puissante ramure; il devait en être ainsi des institutions religieuses et charitables en France après la tourmente révolutionnaire. Les lois et les décrets ne purent réparer tant de ruines, et en 1803, après des efforts infructueux tentés pour réintégrer les sœurs de Charité de Saint-Quentin dans leurs anciennes fonctions, le sous-préfet de l'arrondissement communal, Duuez, écrivait ces mots où perce le découragement : « On a tant de peine à rétablir ce qui n'a demandé que quelques instants pour être détruit! » Et, en effet, depuis longtemps déjà, des pourparlers sont engagés. « D'après la recommandation expresse du gouvernement d'employer l'intervention des sœurs dans la distribution des aumônes et de faire aider les Hospices de l'humanité douce et active de ces héroïnes de la charité, » le sous-préfet de l'arrondissement communal de Saint-Quentin décide de confier aux filles de saint Vincent la gestion des établissements de bienfaisance de la ville. Les considérants de l'arrêté du préfet (30 Germinal an X-20 avril 1802) sont trop à la louange des sœurs pour ne pas être mentionnés :

« Considérant qu'il reste encore à Saint-Quentin quatre membres de cette précieuse association dont s'honore l'humanité et dont l'anéantissement serait une véritable calamité.

» Considérant que ces quatre personnes si recommandables par la pureté de leurs vertus, l'importance de leurs services et la propagation des bonnes mœurs, se sont consacrées à l'enseignement, depuis la suppression de leur maison, avec un zèle et un succès qui leur ont mérité la confiance générale et qu'elles peuvent être rendues aux doubles fonctions de leur Institut : « Charité et Instruction » en leur adjoignant d'autres sœurs aussi dévouées au soulagement des malheureux.

» Considérant que le vœu général et surtout celui des pauvres les rappelle au poste sublime qu'elles ont occupé avec autant de gloire que de courage, les sœurs de Charité sont invitées à faire comme par le passé la distribution des secours aux malades indigents et elles seront installées dans leurs fonctions demain, 1er floréal, an X de la République Française. »

Deux jours après, le sous-préfet communiquait cet arrêté à Mme Deleau, supérieure générale des Filles de la Charité à Paris : « Cette décision, écrit-il, m'a été inspirée par mon cœur, par le désir de rendre aux pauvres leurs économes et leurs mères..... L'édifice de la Charité se relève, en même temps que celui de la Religion ; le Gouvernement, qui a reposé les bases de l'une et de l'autre, invite tous les ouvriers, capables d'y travailler, de venir le seconder..... Vous nous conserverez donc les quatre sœurs que nous avons le bonheur de posséder et qui sont dignes de vous, Madame ; nous nous flattons même que vous vous prêterez à leur adjoindre des sœurs pour les aider dans leurs fonctions, si, comme nous l'espérons, notre établissement prend toute la consistance et l'étendue que nous nous proposons de lui donner. »

Presque deux années se passent et les choses sont encore au même point. Dans une nouvelle lettre à Mme Deleau, en date du 24 frimaire, an XII, le même sous-préfet écrit : « Il me tarde de voir vos dignes collaboratrices dans le grand œuvre de la charité publique reprendre dans la ville les honorables fonctions qu'elles ont exercées en tous temps, avec tant de zèle et de dévouement. La commission des Hospices partage ce désir avec moi ; c'est aussi le vœu des pauvres qui regardent les sœurs, et avec raison, comme leurs anges tutélaires et leurs mères les plus tendres, tant au spirituel qu'au temporel. »

D'où viennent donc ces lenteurs ? N'était-ce pas le 1er floréal, an X, que les sœurs devaient être réintégrées dans leurs fonctions ? L'arrêté du sous-préfet était bien net et bien précis sur ce point. Certes les sœurs de Saint-Quentin ne sont pour rien en ces retards et en ces difficultés. N'ont-elles pas répondu au sous-préfet sollicitant leur concours : « Dévouées par état et par religion au soulagement de l'humanité, nous sommes prêtes à rentrer dans l'esprit de notre institution ; mais aussi, filles d'obéissance, nous ne pouvons rien prendre sur nous, nous consulterons notre supérieure sur la proposition que vous nous faites. » La supérieure consultée encourage ses sœurs à continuer leur œuvre de dévouement ; mais en mère sage et prudente, elle veut leur assurer une honnête subsistance; elle exige pour elles un traitement fixe et convenable, afin que ses filles puissent faire face à leurs modestes dépenses. L'administration des Hospices de Saint-Quentin leur offrait le revenu des biens non vendus de l'ancien bureau de Charité. « Ces revenus (172 hectolitres de blé et 1563 livres, 3 sols, 11 deniers), dit l'arrêté du sous-préfet, en date du 30 germinal an X, seront mis à la disposition des Filles de la Charité au fur et à mesure de leur rentrée et des besoins des pauvres et sur mandats ou bons de la commission des Hospices. Les arrérages qui pourront être dus sur les années antérieures, seront, à la diligence du receveur, recouvrés le plus tôt possible, et viendront en augmentation des ressources dont l'application est confiée aux Filles de la Charité; il en sera de même des produits des pots de vin pour baux faits ou à faire. » — « Jusqu'à ce qu'il ait été pourvu à leur logement d'une manière convenable, il leur sera fourni un local propre à l'exercice de leurs fonctions, et pour payer le loyer de ce local provisoire et subvenir aux premiers frais d'établissement, il sera fait, dans toute l'étendue de la ville de Saint-Quentin, une collecte ou souscription dont le produit sera versé entre les mains du maire, président né de la commission des Hospices. »

Revenus et souscriptions sont bien fictifs et aléatoires. Les sœurs ne peuvent s'en contenter, et le sous-préfet soumet à leur supérieure de nouvelles propositions. « La commission des Hospices, écrit-il à Mᵐᵉ Deleau, accordera à chacune de vos sœurs (elles étaient encore quatre à cette époque), une pension annuelle de 350 francs. Moyennant cette pension, elles voudront bien se charger : 1° de la visite des malades; 2° de la distribution du bouillon; 3° de l'Ecole de Charité; 4° d'une petite pharmacie qu'il est entendu que la commission fournira et entretiendra; 5° de la manutention et de la distribution des linges et des layettes. » Ces conditions conviennent aux sœurs : toutefois Mme Deleau, plus exigeante, demande « 400 francs ou la liberté de vendre des drogues, qu'elles achèteront à leurs frais pour les aider à vivre et à s'entretenir, vu l'énorme prix de toutes les denrées. » Ces pourparlers, ces correspondances furent inutiles : l'entente ne se fit pas alors et il fallut attendre six années encore, jusqu'en 1809, pour la voir se réaliser.

Un projet de règlement, sans date, mais qu'on ne peut faire remonter au-delà des premiers mois de 1809, détermine les devoirs des sœurs et les soumet au contrôle des administrateurs. D'après ce projet, les fonctions des sœurs seront les mêmes qu'avant la Révolution, en ce qui concerne le bureau de la Charité : « Elles visiteront les malades tous les jours et leur donneront, indépendamment des secours matériels, des consolations pieuses et les marques d'un tendre intérêt ; elles tiendront tous les jours de la semaine, hors les dimanches et fêtes chômées, l'école gratuite des filles pauvres de cette ville, de l'âge de cinq ans à douze ans, dans la proportion de quarante au plus, lesquelles n'y seront reçues que sur un billet d'un des membres de la commission, auquel il sera certifié que l'enfant a subi la petite vérole ou a été soumis à l'opération de la vaccine ». — « L'instruction qu'elles donneront consistera dans la lecture, l'écriture et, s'il est possible, les premiers éléments du calcul ; elles veilleront principalement à l'éducation morale, la commission s'en rapportant à elles avec la plus grande confiance du soin d'inspirer de bonne heure à leurs élèves ces sentiments honnêtes et religieux qui font les enfants dociles et respectueuses, les femmes fidèles et laborieuses, les mères sages et économes et qui répandent dans les jeunes cœurs des germes féconds

de vertu et l'amour du bien ». — « Tant qu'elles réside-
ront dans la maison sise en cette vlile, rue du Gouvernement, et qui appartient en toute propriété aux sœurs
Elisabeth Simone, Marie-Olive-Claude Chancerel et Thérèse
Vasseur, qui y demeurent maintenant et qui conserveront
le droit d'en disposer comme bon leur semblera, ces dernières ou leurs ayant droit recevront annuellement de la
commission des Hospices la somme de 150 francs à titre
d'indemnité pour le logement des sœurs attachées à l'Hospice, la commission se chargeant de les loger ailleurs si
ladite maison devenait inhabitable ou inhabitée par elles ».
— « Elles recevront chacune une pension annuelle de
400 francs qui leur sera payée par trimestre et sur laquelle
elles prélèveront leur nourriture, habillement, chauffage,
éclairage, blanchissage et généralement les objets nécessaires à la vie sans qu'elles puissent prétendre rien au-delà
de ladite pension ». — « Il sera mis à leur disposition des
quantités déterminées de bois et de charbon pour la préparation des bouillons, sirops, médicaments et pour le chauffage de l'école ». — « Elles auront droit à la lumière
nécessaire pour l'éclairage de ladite école et celui de la
cuisine où elles fabriqueront les objets ci-dessus ». — « Il
ne sera rien innové au régime particulier qu'elles observent.
Leur vie intérieure, établie d'après leurs règles de Congrégation, étant absolument indépendante de la police et de la
surveillance de la commission, cette dernière reconnaît
n'avoir point le droit de s'en occuper ». — « Tous les
citoyens aisés de cette ville sont invités à concourir par
leurs largesses à la restauration d'un établissement fondé
par leurs pères pour le soulagement de leurs pauvres con-
citoyens et réparer les pertes que dans des temps d'égare-
ment et de malheur il a essuyées au détriment des seuls
pauvres de cette ville. »

Dans un article additionnel annexé au même projet de règlement, on lit encore : « Et attendu que de la lettre de la sœur Beaudoin, supérieure des Filles de la Charité de Paris, à la sœur Chancerel, Fille de la Charité de cette ville, en date du 29 mai 1809, dont il a été donné communication à la commission, il résulte que la maison de Paris affaiblie par des pertes successives ne peut accroître que d'une sœur la maison de Saint-Quentin, aussitôt l'arrivée de ladite sœur, qui seule sera appointée, le service de l'Hospice commencera d'après les bases ci-dessus et sera rempli tant par ladite sœur que par celles qui existeront à cette époque, sauf l'école gratuite qui ne sera à leur charge qu'après l'arrivée de la troisième sœur, et qui jusqu'à cette époque sera toujours tenue par l'institutrice qui en a en ce moment la direction ».

Toutes les difficultés étaient enfin levées. Un acte de générosité allait permettre de donner une solution aux questions alors pendantes. Touchée des services rendus par les sœurs de Charité, une demoiselle Elisabeth-Hyacinthe Marissal leur légua sa maison, aujourd'hui le Mont-de-Piété, rue du Moine-de-Beauvais, avec tout le mobilier qu'elle contenait ; ce legs est daté du 3 thermidor an XII (23 juillet 1805). Or entre ce testament et sa mort qu'elle sentait prochaine, la généreuse donatrice fatiguée des lenteurs de l'administration pour la réintégration des sœurs, rédigea le 30 juillet 1808, un codicille modifiant son testament et portant comme clause : « Je déclare que ce legs que je fais aux sœurs de Charité, je ne le fais pas précisément et personnellement aux sœurs dénommées, mais aux sœurs qui desserviront le bureau de Charité selon l'esprit de leur institut et non autrement ; et dans tous les cas, si dans un an après ma mort, ce bureau n'est pas rétabli, le tout tournera au profit des Vieux-Hommes de cette ville ».

Quelques mois après la demoiselle Marissal mourait, et la commission des Hospices désireuse d'entrer en jouissance du legs, se hâta de « restaurer l'hospice de la Charité de la ville de Saint-Quentin par le rétablissement des Filles de Saint Vincent de Paul ». Le 8 août 1809 des conventions générales furent arrêtées entre la commission et la supérieure générale des Filles de Saint Vincent de Paul. Un nouveau règlement, ayant pour base le projet cité plus haut, fut préparé dans la séance de la commission administrative des Hospices civils du 16 août 1809, présenté au sous-préfet de l'arrondissement de Saint-Quentin le 24 août, approuvé par le préfet de l'Aisne, Méchin, le 26 août de la même année, et mis immédiatement à exécution. « Comme la restauration dudit Hospice, dit l'article 27 de ce règlement, par le rétablissement des Filles de Saint Vincent de Paul, est pour la ville de Saint-Quentin et notamment pour sa population indigente un sujet de joie et d'espérances ; comme encore on ne saurait donner trop de publicité à un évènement qui intéresse particulièrement la classe la plus nombreuse de la Société, et que cette publicité peut opérer l'heureux effet de donner l'éveil à la charité publique et d'indiquer le point sur lequel elle peut répandre ses bienfaits, le présent règlement sera imprimé par extrait, au nombre de 300 exemplaires, ensemble le rapport qui le précède, pour être lesdits exemplaires distribués en cette ville, et partout où besoin sera ». Toutefois à cause du mauvais état de la maison de demoiselle Marissal, les sœurs n'y furent installées qu'en 1820, après qu'une décision du Ministre de l'Intérieur, en date du 22 mai 1818, eut rétabli définitivement l'Hospice de la Charité sous la direction des Filles de Saint Vincent de Paul et que l'administration des Hospices eût élaboré un nouveau règlement.

« Dès lors toutes les provisions de bouche, nécessaires
à la préparation des bouillons, seront faites par elles. La
distribution s'en fera aussi par elles, tous les jours, à la
porte de leur maison, à l'heure qui sera la plus propice,
sur une feuille qu'elles présenteront tous les samedis au
président de la Commission, et qui sera arrêtée par lui ou
par tout autre membre pour son empêchement ». — « Ne
pourront prétendre au bouillon que ceux et celles qui,
pères ou mères de famille, justifieront de la vaccination de
ceux de leurs enfants qui n'ont pas eu la petite vérole ».
— « Les Filles de la Charité feront dans leur pharmacie
tous les médicaments et remèdes nécessaires qu'elles admi-
nistreront elles-mêmes aux pauvres malades, non admis à
l'Hôtel-Dieu et ce, d'après leur seule inspiration ; la Commission se contentant de leur recommander à cet égard,
de concilier le soin des malades avec les revenus de l'Hospice dont la très grande modicité commande par-dessus
tout beaucoup de réserve et d'économie ». — Suivant
l'esprit de leur Institut, elles visiteront tous les jours leurs
malades, et leur donneront, indépendamment des secours
matériels, des consolations pieuses et des marques d'un
tendre intérêt ». — « Elles ne rendront point leurs services
aux personnes riches, ni aux femmes ou filles de mauvaise
vie, ni aux personnes atteintes de mal vénérien. Elles ne
seront point tenues de visiter leurs malades la nuit, ni à
des heures indues, ni de les veiller ». — « Au besoin, et
lorsque l'état et la santé de leurs malades le réclameront,
elles leur communiqueront partie du linge qui sera mis à
cet effet à leur disposition. Elles veilleront, avec le plus
grand scrupule, à ce que le linge soit bien ménagé et
revienne exactement dans leurs mains, après le décès ou
la guérison de ceux qui s'en seraient servis. Avant de le
délivrer, elles en donneront avis à un membre de la Com-

mission, qui autorisera verbalement. Dans le cas où ce membre refuserait, et où les Filles de Charité insisteraient sur la nécessité de la délivrance, il en serait fait un rapport à la Commission qui prononcerait ». Les sœurs devaient en outre délivrer les médicaments et les layettes.

Elles remplirent ces fonctions avec un grand zèle et une entière liberté. Le temps était alors à la conciliation, la misère était profonde. Comme on n'avait pas encore oublié les douloureuses leçons de la veille, personne ne songeait à élever deux drapeaux sur la maison des pauvres et à opposer la bienfaisance publique à la charité religieuse. La Société, à peine convalescente, ne disputait pas au dévouement chrétien le droit de panser ses blessures et de cicatriser ses plaies. Tout encourageait le zèle des sœurs ; on ne doutait pas de leur prudence, on se confiait à leur désintéressement. La délivrance d'un bon de pain ou d'une tasse de tisane n'était pas entourée de ce luxe de formalités et de signatures qui transforment quelquefois les institutions d'assurance en une administration plus financière que charitable.

Cette indépendance, les sœurs ne devaient pas en jouir longtemps. En 1820, au moment de les installer dans la maison Marissal, enfin remise en état, l'administration des Hospices, voulant reconstituer le Bureau de Bienfaisance sur les bases du Bureau de Charité de 1685, négocia avec la Supérieure générale de nouvelles conventions (28 septembre 1820). Aux termes de ce traité, cinq sœurs devaient être attachées à l'établissement avec un traitement fixe de 500 francs chacune pour leur nourriture et l'entretien de leur vestiaire. En revanche, elles allaient être soumises à un contrôle sévère, à une surveillance minutieuse, parfois même tracassière de la part des administrateurs. Certes, l'esprit d'économie tant loué chez leurs devancières ne leur manquait pas ; on peut en juger par le tableau récapitulatif et la balance des allocations et dépenses du Bureau de Bienfaisance pendant l'année 1829 :

	ALLOCATIONS		DÉPENSES	
Appointements de cinq sœurs.	2.500 fr.	»	2.500 fr.	»
Idem pour une sœur de la Croix.	150	»	150	»
Employés et servants.	535	»	535	»
Contributions	151	30	102	30
Entretien du mobilier	300	»	286	99
Viande.	2.000	»	1.865	13
Comestibles	150	»	150	»
Blanchissage	600	»	531	60
Chauffage	850	»	850	»
Éclairage..	60	»	60	»
Pharmacie	1.000	»	914	17
Bandages.	400		225	»
Layettes	600		599	98
Livres aux pauvres.	150	»	130	80
Primes aux sages-femmes . . .	300	»	300	»
Assurances	22	95	22	95
Dépenses imprévues	300	»	296	75
	10.089	25	9.540	64
	9.540	64		
Dépensé en moins.	548	61		

Cependant l'école florissait et avec elle une œuvre de préservation post-scolaire, dite de la Persévérance, fondée en 1825. En 1842, en vertu d'un bail passé le 14 septembre, l'école des filles pauvres est installée dans la maison de la Croix, rue de la Prison (aujourd'hui rue de la Caisse d'Epargne). Un ouvroir permit d'y associer le travail manuel à l'étude. « Ce précieux établissement, né ces dernières années, lit-on dans le *Journal de Saint-Quentin*, numéro du 1er septembre 1844, a réalisé toutes les espérances que sa fondation avait fait concevoir..... Il est incontestable qu'il a rendu d'immenses services à un grand nombre de familles pauvres et que si un plus grand nombre d'entre elles comprennent mieux dans l'avenir leurs devoirs et leurs intérêts, il sera un jour, sous le rapport moral et même quant au résultat matériel, l'une des maisons à la fois d'instruction et de refuge les plus précieux pour faire descendre dans le sein des classes ouvrières et pauvres ces principes et ces habitudes de travail et de vertus sociales dont la nécessité est si bien comprise aujourd'hui. Pour arriver à ce résultat, les sœurs eurent à lutter contre bien des obstacles suscités par les hommes et les choses. Les choses s'effaceront insensiblement, grâce à leurs soins et à leur persistance ; espérons que les hommes, à quelque opinion qu'ils appartiennent, se garderont bien de porter la main sur la direction d'un pareil établissement. Espérons que l'école-ouvroir est inébranlablement assise au milieu de nous ; elle a trop fait de bien et il lui en reste trop à faire pour qu'il en soit autrement ».

Les difficultés et les ennuis auxquels fait allusion le chroniqueur du *Journal de Saint-Quentin*, ne manquaient pas, en effet. Le 16 août 1844 une décision du Ministre de l'Intérieur enjoignit a la commission des Hospices de Saint-Quentin de remettre à la Commune et au Bureau de Bienfaisance le double service des écoles gratuites de filles et de garçons et des secours à domicile. C'était, après bientôt 50 ans, l'application des lois du 7 frimaire, du 20 ventôse an V, et du 16 messidor an VI de la République Française, ordonnant de restituer au Bureau de Bienfaisance les biens des pauvres communs tels qu'ils étaient avant 1696. En effet, ces lois établissent une division très logique entre chacune des administrations : d'un côté on ne fait qu'aider à vivre au moyen de secours à domicile; de l'autre, on nourrit et on entretient des orphelins et des vieillards renfermés dans des hospices. Les pourparlers qui eurent lieu à l'occasion de cette remise sont consignés dans les délibérations de la commission administrative des Hospices civils de Saint-Quentin des 8, 15 octobre et 4 novembre 1844; du Conseil Municipal du 3 mars 1845 et du Bureau de Bienfaisance du 13 mars 1845. Un traité fut passé le 17 avril 1845 entre le Bureau de Bienfaisance et la Municipalité d'une part, et l'administration des Hospices d'autre part; d'après ce traité, le Bureau de Bienfaisance et l'école furent transférés dans la maison du Bornyval ou des Orphelins, rue des Cordelières, actuellement rue des Patriotes. En 1833, il avait déjà été question à la commission des Hospices, de cette maison donnée en 1584, par M. Barré, ancien mayeur de la ville, pour y recevoir les enfants orphelins; le compte-rendu de la séance du 29 janvier de cette année porte que les deux Hospices de la Charité et des Orphelins n'en feront plus qu'un seul et même sous le titre d'Hôpital des Orphelins et de la Charité. Ce projet, on ne sait pourquoi, ne fut pas exécuté avant l'époque indiquée plus haut.

Placées dès lors sous la puissance d'une administration anti-religieuse, les sœurs eurent à souffrir toutes sortes de vexations et de tracasseries. « On voudrait, écrit à ce propos le *Journal de Saint-Quentin*, faire peser sur elles une inqualifiable tyrannie, les assujettir à d'étranges conditions, les soumettre à une espèce d'inquisition. » Il s'agit ici d'un nouveau règlement qui gêne leur action bienfaisante et surtout les blesse dans leur sentiment religieux. Cependant, désireuses, avides de faire le bien, les sœurs ne désirent que l'apaisement, sont prêtes à accepter les conditions les plus conformes à leurs intérêts et à leurs convictions. « Il paraît utile, écrit le 10 avril sœur Vincent, supérieure de la communauté de Saint-Quentin, il paraît utile de laisser à la sagesse et aux lumières du Conseil Municipal la décision réfléchie et pacifique des conditions les plus propres à concilier les intérêts réciproques. J'aime à croire que cet arrangement est facile, puisque rien d'essentiel n'est en litige; car il n'est nullement question de notre part de vouloir échapper à l'autorité, ni au contrôle de l'Administration pour tout ce qui concerne la direction des classes et de l'ouvroir. » Ces paroles toutes pacifiques n'empêchent pas un journal de signaler « un soi-disant esprit d'indépendance de la part des sœurs de Charité qui après avoir pris un pied à Saint-Quentin voudraient en prendre quatre. »

La situation était des plus critiques, les rapports très tendus entre l'Administration et les sœurs, dont tout faisait craindre le prochain départ, mais que le peuple voulait conserver. Dans sa séance du 5 mai 1845, le Conseil passe à l'ordre du jour sur une pétition signée par un certain nombre d'ouvriers de la ville, dans laquelle est exprimée la crainte que les sœurs ne soient obligées de partir. Le mois suivant, l'entente se fait après modification de divers articles : remplacement des sœurs en cas de maladie, droit d'habitation sans pension pour les sœurs invalides, ouverture d'une école d'anciennes élèves. L'article 12 était surtout gênant. « L'oratoire établi dans la maison, disait-il, est exclusivement destiné à l'usage des sœurs comme lieu de prières et non de chapelle; le service divin ou toutes autres cérémonies religieuses ne pourront y être célébrées.» Madame la Supérieure, admise à la séance du Conseil Municipal, obtint cet autre article : « L'oratoire établi dans la maison occupée par les sœurs étant exclusivement réservé à leur usage et à celui de leurs élèves, sera tout intérieur et aucune cérémonie publique ne pourra y avoir lieu. »

Toutes difficultés ainsi aplanies, les sœurs continuèrent leur charitable mission : sous leur habile direction l'école et l'ouvroir devinrent de plus en plus prospères. « Dès 1847, dit le *Journal de Saint-Quentin,* 250 jeunes personnes du sexe y reçoivent une éducation parfaitement appropriée à leur position et à l'avenir qui les attend... Ces jeunes filles, dont on s'efforce de développer l'esprit en même temps que les plus âgées sont exercées à des travaux professionnels, promettent un jour à la Société des femmes vertueuses non moins que laborieuses... Si elles sont fidèles à suivre la voie des bons exemples qui leur sont donnés, elles peuvent espérer des jours meilleurs que la plupart de leurs devancières. »

Pendant qu'elles se dépensaient ainsi pour l'instruction et l'éducation, les Filles de Saint Vincent de Paul n'oubliaient pas la seconde partie de leur mission : « La Charité ». Les ressources leur manquaient pour subvenir à tous les besoins, pour soulager toutes les douleurs ; dans leur ingénieuse et intelligente activité, elles organisent chaque année une loterie. Mais c'est surtout dans le rigoureux hiver de 1853-1854 qu'elles redoublent de zèle... La misère poursuit avec rigueur ses victimes et les maux qu'on veut guérir sont si nombreux que les saintes femmes épuisent leurs ressources et leurs forces : le courage seul leur reste.

Le nombre des élèves augmentant toujours, le service religieux célébré dans une des salles de l'établissement devenait presque impossible à cause de l'affluence des assistants. C'est alors qu'un prêtre dévoué, l'abbé Lefèvre, vicaire à la Collégiale et aumônier de la communauté, entreprit, aidé de personnes pieuses et charitables, de faire construire une chapelle en harmonie avec la dignité du culte. Le 8 novembre 1853, en présence du sous-préfet et de la municipalité, Sa Grandeur Mgr de Garsignies bénissait le nouveau sanctuaire.

Les années se passent dans le même dévouement et les mêmes efforts. En 1857, l'unique asile que possède la ville est confié à leurs soins ; en 1863, est fondé définitivement la Société de Secours Mutuels de Saint-François-Xavier, dont la présidente est Madame la Supérieure. Nous arrivons ainsi à la fatale année 1870. On sait quelle tempête fut alors déchaînée sur notre patrie et quelles douloureuses blessures lui furent faites. Combien Saint–Quentin eut à souffrir, il est superflu de le redire. Alors encore les sœurs ne faillirent pas à leur vocation. Infatigables comme des mères, aimables commes des anges, elles déroulent et déchirent des bandes de toile, pansent d'effroyables plaies, soignent et encouragent les malades ; elles vont au milieu de tant d'horreurs, douces en touchant les blessures, consolantes en parlant de Dieu. C'est le spectacle qui pendant de longs mois fut offert à notre ville. « De septembre 1870 au mois d'août 1871, elles ont spontanément prodigué aux cent blessés de l'ambulance Lebée (rue Wallon-Montigny) des soins aussi dévoués qu'intelligents, ayant pour chacun d'eux des paroles de consolation et d'encouragement. Elles ont fait l'admiration de toutes les personnes qui les ont vues à l'œuvre. On peut, sans crainte de se tromper, dire qu'elles ont contribué pour une très large part aux très nombreuses guérisons obtenues dans cette ambulance ». Pour témoigner sa gratitude le Comité des Ambulances fit don aux sœurs de trois verrières pour leur chapelle (1872).

Les temps devenus plus calmes permirent de réparer les ruines et d'ajouter de nouvelles œuvres aux anciennes. Héritières de Vincent de Paul, fondateur de l'Hospice des Enfants Trouvés, elles commencèrent, le 27 septembre 1873, l'œuvre de l'Orphelinat qui, sous le nom d'internat Saint-André, donne asile aujourd'hui encore à plus de cent enfants ou jeunes filles pauvres ou orphelines.

De nouvelles épreuves attendaient encore les sœurs. Le 26 août 1890 une décision de la Commission administrative du Bureau de Bienfaisance, sous le fallacieux prétexte de procurer aux indigents malades les soins des médecins « le plus rapidement possible, décida que le service des visites préalables par les sœurs serait supprimé et que, comme conséquence, le nombre des sœurs attachées au Bureau serait réduit à deux, à partir du 31 décembre 1890 ». — C'était « par une manœuvre contraire à l'intérêt des pauvres et à l'esprit des fondateurs », écrivait la Supérieure générale au vice-président du Bureau, détruire d'un trait de plume l'œuvre que l'administration des Hospices avait si sagement rétablie en 1820, qu'elle avait consolidée dans sa séance du 5 novembre 1855 ; c'était une conséquence logique de la décision administrative qui, peu auparavant, sollicitant les mots du testament de demoiselle Marissal, avait déclaré que le légitime héritier était le bureau de la Charité (depuis de Bienfaisance) et non les sœurs de Charité, congrégation non reconnue, lors du décret de 1810, permettant l'acceptation du legs ; c'était priver les sœurs des fondations que la générosité chrétienne avait faites en leur faveur depuis plus de deux siècles. Afin que les pauvres n'aient pas trop à souffrir de cette mesure, le curé-archiprêtre de la Basilique, Mgr Mathieu, fit appel à la générosité de ses paroissiens pour continuer à servir le traitement des trois sœurs laissées ainsi sans emploi, et leur permettre de visiter encore les pauvres et les malades.

Quinze ans ont passé, les sœurs de Saint Vincent ont dû abandonner aussi leurs classes, et leur mission n'a plus rien d'officiel. Seules trois d'entre elles demeurent au bureau de Bienfaisance comme économes et distributrices de médicaments et se partagent les appointements de 1.700 francs par an. Les autres s'adonnent aux œuvres privées de charité et de bienfaisance, visites des pauvres et des malades à domicile, direction de l'Orphelinat et de l'œuvre de la Persévérance pour la préservation des jeunes filles. Elles ont encore pour leur zèle et leur dévouement un champ des plus vastes et des plus féconds.